甜蜜共犯

周棋洛官方设定集

恋与制作人／著

羊城晚报出版社
·广州·

周棋洛

Kiro

恋与制作人

目录

CONTENTS

点滴回忆 Chapter 1 · 001

心路历程 Chapter 2 · 101

时光信物 Chapter 3 · 117

与他相逢 Chapter 4 · 121

纸短情长 Chapter 5 · 135

嘘，不要让别人发现。

我还上幼儿园的话，

可不会把最后一包薯片让给你。

Chapter 1

点滴回忆

－Various Memories－

羁绊交织成诗，铭刻成珍贵纪念。

为了你，
我要站在最高的地方。

REC

如果我的心是太阳，
那我想在每个午后都温暖着你。

交错的掌心间炽热的温度，
是交付给彼此的心跳与生命。

rout OF money boys

我会将所有黑暗
阻挡在你的世界外。

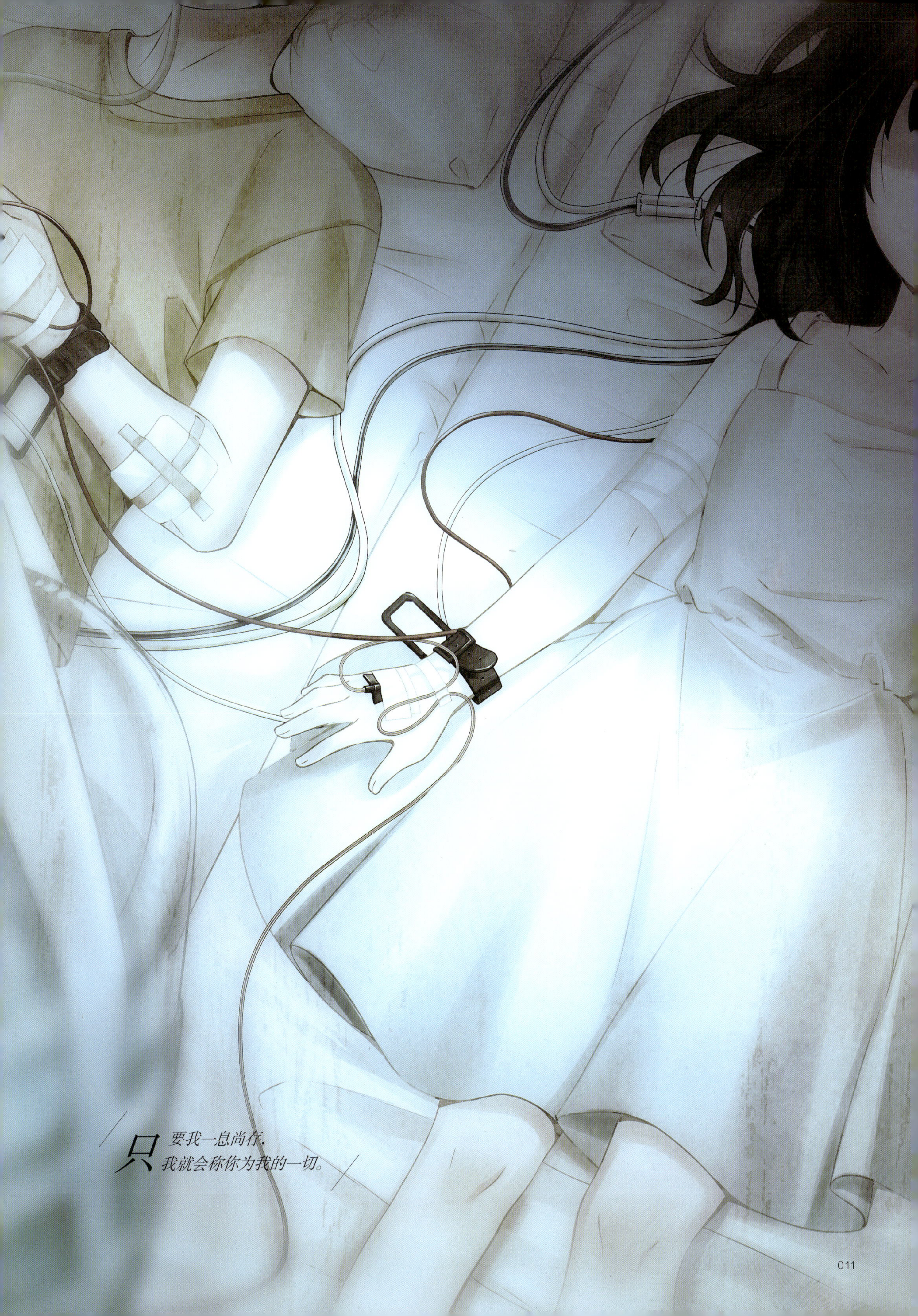
只要我一息尚存，
我就会称你为我的一切。

我会永远
在你身边。

如果我迷路了，你一定要找到我。

PANDA
love&peace

不管到什么地方，
只要记住
我的笑容就好。
PANDA

KEEP

身为男子汉就要保护你，
——啊！鬼！

脑海中想着你，
就能顺利地完成表演了。

我对你说的话，
不是表演，
是告白。

怎么我狼狈的样子都被你看到了。

快来跟我打雪仗吧，
时间是用来享受的。

这里是我的秘密基地，
只有你能进来。

还好，你来了。
看到你，我就满足了。

UNIVERS

有个人会一直关注着你，
知道他是谁吗？

你就是我的新年愿望啊。

我最真实的样子，
只有你能看到。

PANDA
love&peace

我怎么会对你说谎。
Miracle
PANDA
love&peace

我们来做个约定吧，
我会永远陪着你。

BAND
NAME
DATE
TIME

你是我生命中
最重要的存在。

有一首歌想唱给你听，
给世界上最努力的你。

DUALSHOCK

肯定能打通完美结局的，
因为有我在啊。

和你在一起的时间，
一定要慢一点，再慢一点，才好。

最美好的，
只能用最深痛的
巨创来换取。

你总了解我最需要的，
正如你来到我身边。

因为是你，
才会觉得
两个人的时光更好。

和你在一起的时间，
总是过得快。

为了让你看到更好的我，
我会更加努力。

我就是喜欢这样的你，
不完美又怎样。

总有一天，
我会找你来
兑现我的诺言。

等来年夏天的时候，
我们再来看向日葵吧。

和我跳一支舞吧，
把秘密全都告诉你。

金
风玉露一相逢，
便胜却人间无数。

有你在身边，
才是最珍贵的回忆。

想成为一朵花，
盛开在你的
每个春天里。
DOOR
HONNE

你是我见证过的，
最美好的神迹。

现在，
我想我是这个世界上
最幸福的人。

谢谢你。

如果在幼儿园的话，

我们肯定是

好朋友了。

▸ 伪装者 幽默

谢谢你，总是给我带来力量。

▸ 承诺 认真

别忘了，你答应来看我的演唱会。

灼夏 活力

甜甜的，就像你一样。

等你回信 浪漫

在你面前，我总能讲出心里的话。

▸ 牛奶惩罚 勇气

牛奶很好喝，你，要不要喝一口？

▸ 幻想者 羞涩

你是我的精神食粮，比退烧药管用多了。

贪睡 认真

我是想天天看到你啊。

完美礼服 活力

我知道你一直可以做到最好。

▸ 为你而歌　勇气

其中有首歌是为你写的，想知道是哪首吗？

▸ 独家定制　幽默

这是我亲自为你画的自画像，不错吧？

晴夜 温情

我知道不该去打扰你，但我就是忍不住。

电台迷踪 温情

你啊，怎么连挽留我都不会。

▸ 完美线条 活力

凑得近，你才能听清啊。

▸ 偶遇 勇气

以后，愿意每年都和我一起看樱花吗？

▸ 入眠　浪漫

即使被世界背叛，你也是我一定要见的人。

▸ 快乐根源　纯真

彩虹像你，冰淇淋像你，我喜欢的都像你。

绚烂时刻 勇气

看！它像不像你？颜色丰富又绚丽。

慌乱 纯真

我的秘密只愿意分享给你。

甜蜜心情 浪漫

我把你比喻成吃的，就是认为你很可爱啊！

醉心创作 认真

不要因为我的外表忽视我的才华哟。

▸ 乐天派 活力

趁现在，再多说一会儿话吧。

▸ 你的样子 温情

两个人在一起的话，去哪里都可以，做什么都开心。

▸ 你的存在 纯真

全世界只有你能赢我。

▸ 意外惊喜 温情

牵好我的手，别走丢啦。

▸ 新年大吉 活力

我想把新年里所有的祝福都送给你。

▸ 温暖星光 活力

你对我这么好，我就觉得你太可爱了。

专业力量 温情

比专业，更专业！

甜蜜共犯 活力

我的甜蜜，只与你分享！

偶像潮流 勇气

不必追随潮流，我就是潮流引导者。

棉花与糖 浪漫

你就是我心中的棉花糖，纯白的梦想。

▸ 退烧神器 纯真

你才是我唯一的神器。

▸ 夏日香气 勇气

别低头，花环会掉！

可爱多 纯真

我收到了好多糖哦，分你一颗吧！

半分海蓝 活力

与你一起的夏天，好像连海都比天空更蓝。

▸ 焦点 幽默

你知道，我的视线和心跳一直都在追逐你。

▸ 两同心 活力

有你在身边的时候，夏天就正好。

▸ 软绵绵 纯真

再一勺，小小的一勺就好。

▸ 小确幸 活力

幸福就是，冬天的雪糕和身边的你！

福至所汪 温情

有它们打闹，有你在笑，这就是我心中最好的未来。

我找到你了，
薯片小姐。

Chapter 2

心路历程

－The Journey of My Heart－

惟愿与你，岁月同行。

周棋洛 Kilo

周棋洛 Kilo

年龄：22 身高：176cm 生日：4月9日 星座：白羊座
血型：O型 职业：超级巨星 Evol：绝对吸引力、绝对控制
配音演员：边江

周棋洛是一个如同太阳般闪耀的偶像。童星出道，在成为巨星的道路上付出了很多，却从来没有想过放弃。他对自己的要求很严格，是个完美主义者。虽然外表是个大男孩，但心理年龄并不小。除了明星这个表面的职业，他还拥有多重身份以及一个秘密的目标。

关于他

阳光开朗、魅力超凡、坦率真诚，这便是偶像周棋洛的标签。明星的工作很忙碌，但他从不抱怨，只是尽力把自己最好的一面展示给观众。这位年轻的巨星清楚地明白人情世故和现实的黑暗面，却始终走在向阳的路上。

周棋洛喜欢平凡的日常生活，所以经常乔装打扮去逛超市或者散步。同时，他也喜欢黑科技，在计算机方面有着出色的天赋。身为黑客，他的技术超群，顶着师父KEY的名号重出江湖，成为又一个在黑暗里守护光明的人。

周棋洛还有着神秘的第三重身份，那就是BLACK SWAN组织中的Helios。当他作为Helios行动时，显得沉默而果断，如果不是因为相似的外表，很难有人会想到他们是同一个人。如果说周棋洛是太阳，那么Helios就是藏匿于夜空的月，但无论是存在于光明或者黑暗，他始终是他。

关于他名字的含义

曾经他叫1562，后来他叫3684，再后来，他叫周棋洛。在他的生命中，任何决策都落棋无悔，无法回头。KEY为他起这个名字时，希望他一旦做出决定就一往无前，不再迷茫与困惑。

关于他的家庭

是个孤儿，小时候被双叶孤儿院收养，和其他孤儿一样是BLACK SWAN组织的实验体。

苹果箱：周棋洛从苹果箱里捡到的一只金毛，寄养在经纪人家中。

Cello：周棋洛从大提琴箱里发现的一只猫，寄养在工作室。

关于他的爱好

Top1：音乐

音乐是他的生命里不可或缺的一部分。吉他、小提琴、大提琴、架子鼓……在音乐的世界里，他无所不能。

Top2：美食

喜欢吃甜甜圈，喝可乐，也喜欢吃火锅，认为唯爱与美食不可辜负！

Top3：超级英雄电影

他喜欢看各种商业大片，尤其是超级英雄电影，最喜欢的是没有超能力的蝙蝠侠。

关于他的秘密

比起单机游戏，更偏爱社交类的网游，喜欢和别人一起玩游戏的感觉。

他的吉他拨片是师父KEY赠送的。

他的秘密基地在家附近的一处僻静的湖边，湖中有锦鲤。

他喜欢吃甜甜圈，因为小时候的一个约定。

其他人对他的评价

我们家棋洛当然出色无比，我从来没见过像他这么有天赋的艺人！只要照这个势头发展下去，肯定能火到我退休。前提是，他不要又给我去偷吃零食！

——沈远

Kilo是个很温柔的孩子。可能很多人只看到了他阳光开朗、闪闪发亮的一面，但他也有自己的脆弱和悲伤。我希望，我的孩子有一天能够获得真正的幸福。

——伊娃·赛德尔

我第一次见到他的时候，他还只有6岁，瘦瘦小小的，像活不过一天。但他的眼里有光，所以我带走了他。我没有看错，当年渴望光的孩子，逐渐成为能照亮其他人的太阳。

——KEY

心路历程

Kilo 周棋洛

时 间	周棋洛	
	患有自闭症的孤儿	小时候的他患有自闭症，是一个混血孤儿，没有朋友，每天都只能蜷缩在孤儿院的角落。
5岁	初遇	被称为编号1562的实验品，在逃跑的过程中遇到了你，你们相约离开之后要一起去吃甜甜圈。
	逃跑失败	逃跑失败，成为高级实验品3684。
	获得Evol	接受BLACK SWAN组织的实验改造，获得Evol，是孤儿院事件中唯一改造成功的案例。
6岁	前往海外	随BLACK SWAN前往海外，被KEY收养，之后跟KEY一起学习了黑客技术。
	出道	在法国作为童星出道。
14岁	美国读高中	在法国念完初中，听从中年女歌唱家伊娃·赛德尔的建议，前往美国读高中。
18岁	被知名音乐学院录取	高三那年签约了国际知名音乐公司，并成功被知名音乐学院录取。
	组建乐队	组建乐队，担任乐队主唱，开始世界巡演，奠定成为国际巨星的基础。
	师父KEY失踪	师父KEY失踪，为了寻找师父，他“黑”进美国联邦调查局，找到一串神秘字符，但并没有破译成功。
20岁	回国发展	开始回国发展，沈远成为他的经纪人。
21岁	进入黑客界	以KEY的身份回归黑客界，锲而不舍地寻找与师父有关的线索。
	轰动演艺圈	在电影《三国》中扮演少年孙策，在日本引起轰动，同时也让国内的很多人认识了自己。
22岁	再次相遇	在便利店与你再次相遇，和你看中了同一包薯片，从此你成为他专属的“薯片小姐”。
	黑客大会	在黑客大会中遇到了误闯进来的你，你们一起落入BLACK SWAN组织设下的密室。他神秘的KEY的身份被你知晓。
	回归	天台一别后，以Helios的身份回归，在医院与你重逢，送给你一把防身的小刀，并使用Evol抹去了你的这段记忆。
	Black Cabin中再会	在Black Cabin中和你再会，获得了各个世界线的记忆，你们紧紧握住彼此的手，成为彼此的光。

打开日记本，写下和他每次约会的时间，
制作专属于你和他的心动纪念吧！

幕后之约 ______年__月__日

生日之约 ______年__月__日

病房之约 ______年__月__日

鬼屋之约 ______年__月__日

赏樱之约 年 月 日

河灯之约 ______年__月__日

探病之约 ______年__月__日

冰雪之约 ______年__月__日

片场之约 ______年__月__日

杏林之约 ______年__月__日

时光之约 ______年__月__日

新年之约 ______年__月__日

新春之约 ______年__月__日

告白之约 ______年__月__日

珍宝之约 ______年__月__日

花房之约 ______年__月__日

直播之约 ______年__月__日

奇迹之约 ______年__月__日

祈愿之约 ______年__月__日

游戏之约 ______年__月__日

夕夜之约 ______年__月__日

洛城之约 ______年__月__日

花海之约 ______年__月__日

荆棘之约 ______年__月__日

旧友之约 ______年__月__日

元月之约 ______年__月__日

咫尺之约 ______年__月__日

誓言之约 ______年__月__日

逐光之约 ______年__月__日

心跳之约 ______年__月__日

白色休闲服

虽然已经过了很久，但你一定还记得那天吧——周棋洛穿着白色的休闲服，脖子上挂着耳机，微笑着闯进你的世界。

当你伸手去拿那包薯片时，一定猜不到，从此之后你将会拥有一个独一无二的昵称和一个伴你同行的人。

要不是你误打误撞进入黑客大会，怎么可能猜到周棋洛就是那位黑客界大名鼎鼎的“KEY”？

当他取下兜帽，指尖在键盘上飞快敲打的时候，你的心是不是也跟着怦怦直跳了起来？

条纹休闲服

你还记得吗，这件条纹休闲服是你们一起去日本时周棋洛穿的衣服。

悄悄告诉你一个秘密吧，当他在神社前还愿时，其实还许下了一个新的心愿——希望神明能将世间所有的美好都赐给你，希望能够永远和你在一起。

还记得那天吗，周棋洛拉着你兴冲冲地去寻找春天，你牵着他的手，看着他的背影，是不是觉得整个人都变得暖洋洋的？

其实，不管是毛茸茸的小熊，还是盛放的向日葵，或是和煦的春日阳光，在你心里，一切温暖可爱的东西，其实早就都和周棋洛挂上钩了吧。

粉色黄条纹衬衫

泳装

虽然知道周棋洛会健身，但要不是碰到他在淋浴，你是不是都没想到他的身材会这么好？

下次可得多注意一点，不要再冒冒失失地闯到他面前，否则又要被他“取笑”好一阵啦。

不管是在那次七夕活动中，还是在现实生活里，周棋洛都是最帅气的“异域王子”对不对？

一想到那时他凑近的呼吸，狡黠的微笑……你是不是感觉心脏又开始怦怦直跳了？

感谢那只捣蛋的小猫咪吧，要不是它，你的脸一定早就变成熟透的红苹果了！

异域王子服

婚礼礼服

当他牵着你的手一步步走向礼堂中央时，你是不是觉得每一秒都变得很漫长？漫长到让你足以在脑海中回忆着你们长长的过去、勾勒出遥远的未来。

以后的每一天，你的世界里满满当当的都会是周棋洛的身影。

梦中的周棋洛穿着紫色的外套，轻轻地为你演唱他的新歌，落在你耳边的呼吸像是冬日最灿烂的暖阳。

可是……当时的你是不是有些犹豫，梦里的太阳，是真正的太阳吗？真正的周棋洛，到底又在哪里呢？

紫色外套

白色大衣

Helios就是周棋洛……意识到这一点的时候，你是不是好半天都没有缓过劲来？

不过，不管现在的他身份为何，有什么目的，变成了什么样子，他一定都还是你最重要的人吧。

这一次，终于轮到你骄傲地和他讲出那句话——“我找到你了”。

听说有无数的节目组问周棋洛要过童年照，但他却从来没有公开过这张照片。

换句话说，这个把冰淇淋蹭到嘴边的小棋洛只有你可以看到，四舍五入就是只属于你的小可爱了！

有效期：

周棋洛演艺生涯期间

永久有效。

加油啊，

打不倒的薯片小姐。

Chapter 3

时光信物

-Gifts from the Past-

×

时光与你，都是最好的馈赠。

薯片蛋糕

独一无二薯片味的蛋糕，
是我吃过的最好吃的蛋糕。

智能手环

你知道吗，
你的存在对我来说就是奇迹。

手电筒

薯片小姐，
我发明的黑科技是不是很厉害！

按摩精油

独家理疗，
首次出诊，你的专属体验。

星缘石·星晴

等我回来，
我一定会回来。

娃娃鞋

我好像没有讲鬼故事的天分……
下次换你给我讲吧。

红糖

其实我也不知道这个有没有用……只能
陪在你身边，陪着你的话会不会好点？

鸡蛋面

想念我们一起午夜犯罪的日子，
所以……不要减肥了好不好。

星星罐

365天里，想把每颗星星
背后的回应在耳边偷偷告诉你。

记录下和这些时光信物有关的记忆吧。

签名CD

还记得你说过，每个认认真真的签名，能将最好的祝福传递给支持他的人。

直播摄像机

浪漫诗集

超级英雄卡

小熊录音笔

零食礼盒

熊布偶

薯片

写真

你会没事的，

我说过，

这一次我会成功，

我会一直保护着你。

Chapter 4

与他相逢

— Meet Him —

×

命定之人，执手相随。

/ 红树林 /

那天挑战十公里的长跑，在他的陪伴下似乎完成得比想象中更轻松。你们一起见证了奇迹——那片美丽的“水中森林”。似乎不仅仅是一段美好的回忆而已，就像你应该还记得的那句话——“你的存在对我来说就是个奇迹”。

/ 周棋洛家客厅 关灯 /

记忆中的周棋洛似乎很少会跟那次一样沮丧无助。这也许是你第一次见到聚光灯外他孤独的模样，你有些心疼，也有些不知如何是好。情不自禁地用歌声安慰他，这似乎起了作用，他安静地在你身边入睡。

/ 加州海岸 /

一号公路上的风景、意外抛锚的车、解锁的徒步旅行新方式，还有在各种意外后变身西部牛仔的他……那片洛城的落日和那幕鲸鱼跃出海面的场景，想必会是你记忆中最耀眼的存在吧。

/ 画廊 /

那天和穿着熊布偶的他去“冒险”，是你第一次正式和他一起工作。那位粉丝老奶奶和她满溢着爱的房间，深深感染着你，你是不是也逐渐体会到，那个像星星一样的他所拥有的魅力呢。

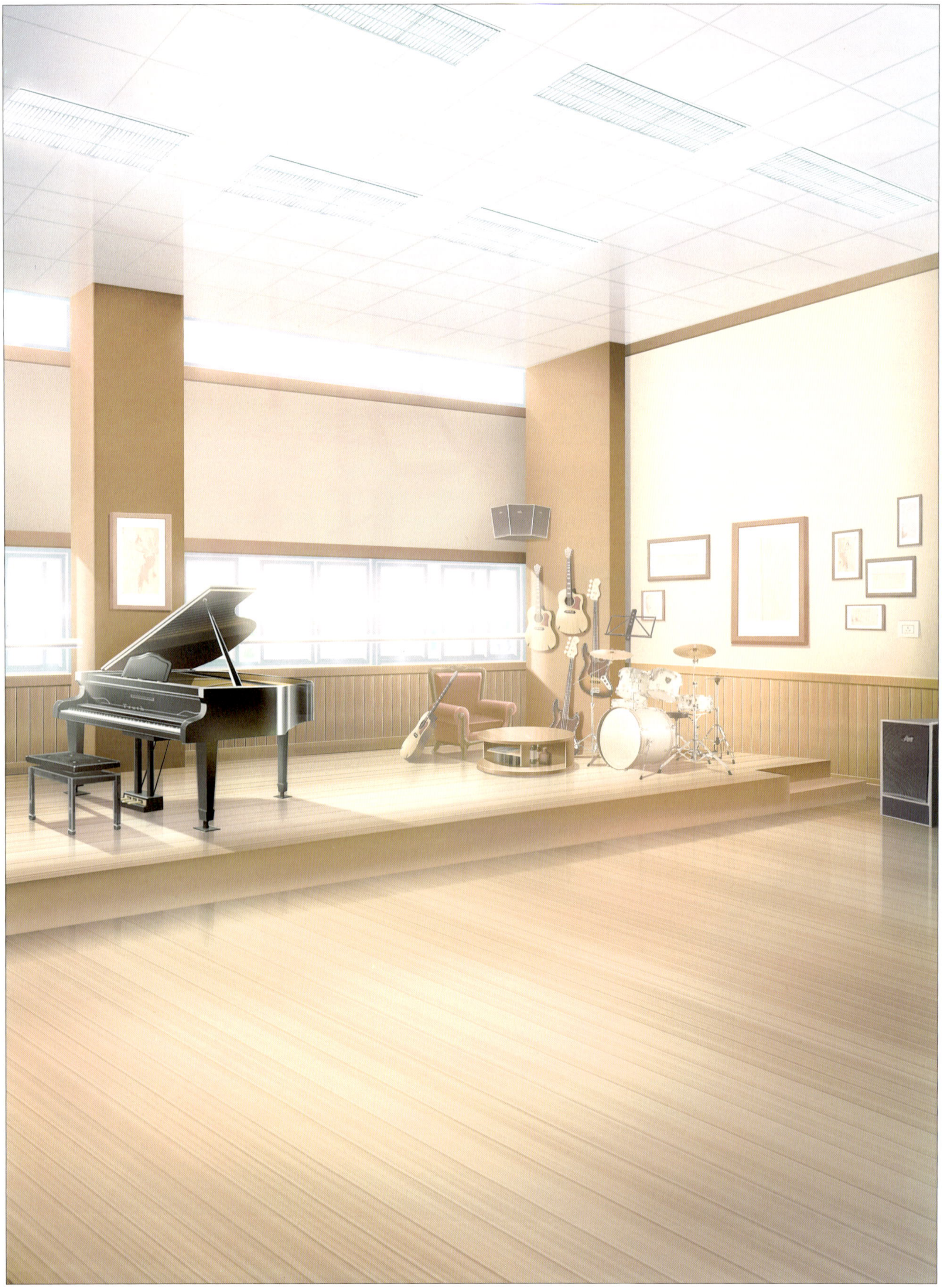

/ 周棋洛的音乐排练室 /

排练室虽然布置简单，但是五脏俱全，你陪伴他在这里度过了无数日日夜夜，这里有他挥洒的汗水和付出的所有真心实意。

/ 花门教堂 /

你还记得那天烙印在无名指上的吻吗，伴随着深情的誓言直直涌入心脏。耳边似乎还萦绕着他说的那句话：“我希望……你能为我空下戴戒指的地方。”

这样的漫画架子周棋洛至少还需要十个!!

音乐、游戏还有回忆，这是一个承载了所有美好时光的小角落。

你是不是经常在想，要再努力训练多少年，才能达到周棋洛的操作水平呢？算了，没什么关卡是组队解决不了的!!

暖暖的阳光下，你懒懒地赖在小小的沙发上，耳边是悠悠的钢琴曲伴着他的轻声哼唱。你终于找到了哦，你独一无二的珍宝。

那抹干净明敞的光，在彼此的生命中发亮，成为生活里最重要的部分。

他总会在你情绪低落的时候，用各种各样的方式为你打气。

有本事你站在那里不要跑！

听说他的工作已经安排到大半年后……不过虽然现在他看起来这么烦恼，到时候还是会比谁都要努力吧！

这个狡猾的家伙，露出这种笑脸的时候……不论哪里你都会跟他一起去吧。

不知疲倦地把光芒分给别人，他一定很累了。再多睡一会儿吧！

让人开心的正确方法有什么？一个抱抱不够的话……就两个？

周棋洛的wink真的有人可以拒绝吗？

仔细想想……你上次打抱枕战，已经不知道是什么时候了……啊！偷袭!!

“神明大人啊，请听一下我小小的私心。请让这互相交缠的音符，成为独属我一个人的旋律吧。”

悠闲的漫画时光，一下午过得飞快。

把雪落的声音当作背景音，吉他声轻轻响起，发光的少年在你的身边，唱着最初的歌。

“我们……”

“我们……”

“你先说！”

“不不不！你先说啦！”

“那就一起说好了！”

“我们……明年也像这样看第一场雪吧。”

“我们明年也像这样看第一场雪吧!!”

历史有时候总会惊人地相似，不过时光已经向前走了一大步。

我希望，

在你眼里，

我永远都只是周棋洛。

Chapter 5

纸短情长

-Whisper by Letter-

×

他的秘密，他的低语。

故事的背后

137 配音演员访谈
边江

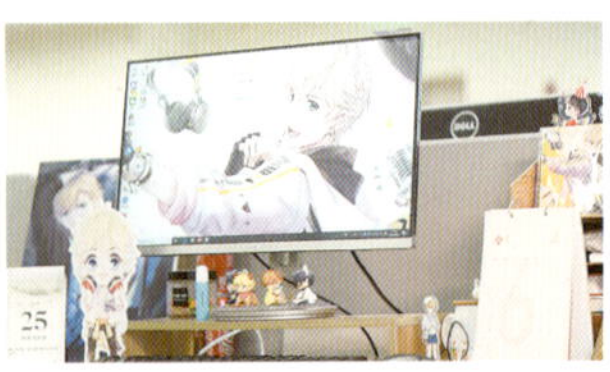

138 文案访谈
文案组

139 美术访谈
美术组

140 制作组访谈
制作组

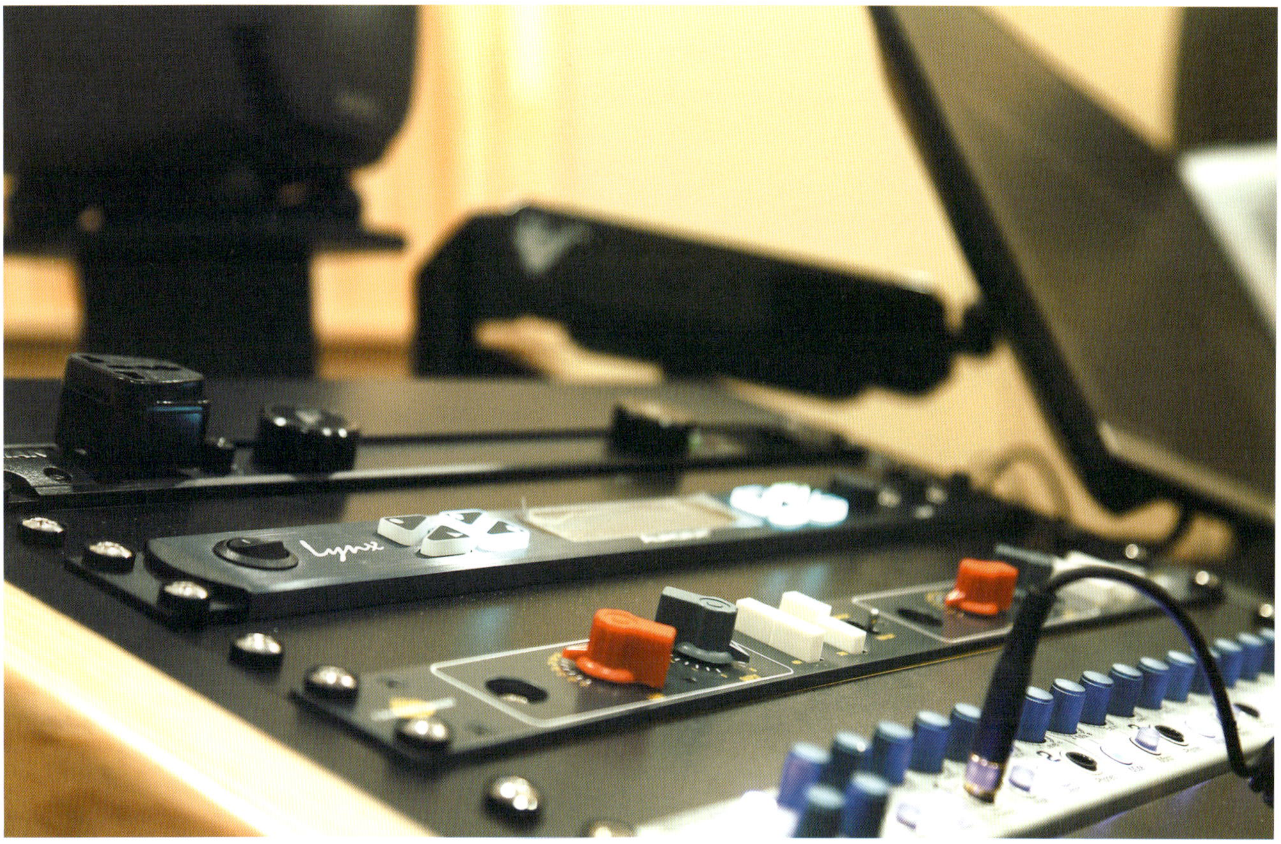

边 江

中国知名配音导演
出演角色：周棋洛

“有时候他其实可以任性一点、放纵一点。”

Q1：边江老师和周棋洛相处了这么久，对他有没有一些新的认识？

边江：哎呀……（突然一言难尽地叹气），他给我的感觉真的很难用语言描述。按理说他这么年轻，又天生是一个无忧无虑、天真烂漫的人，理所应当会活得开心点。但是他又背负了很多责任，还要面对一些在他的立场上不能回避的问题，就……他真的很棒的，真的棒，一直站在黑暗里，但是心向阳光。

Q2：那周棋洛有没有什么品质是让你非常欣赏的？

边江：很男人，从来不把疲惫或者不好的一面暴露在女孩子面前，天大的事自己扛。但是这样确实让人心疼，有时候他其实可以任性一点、放纵一点，至少他有什么不开心都可以来和我说说。

Q3：你对周棋洛的Evol怎么看？

边江：我怎么感觉他两个Evol都不太实用，首先有没有Evol我都是人见人爱的类型，哈哈（说完自己笑了起来），绝对控制就更没必要了，要以德服人。

Q4：你有没有什么话是一直很想对周棋洛说，但是还没说出口的？

边江：没有，不可能有，一直想说就肯定说了，我们俩都是藏不住话的人，有话想说直接说。

Q5：边江老师最近有“打卡”到不错的餐厅，想带周棋洛一起去的吗？

边江：他比我会吃，应该他带我去才对。

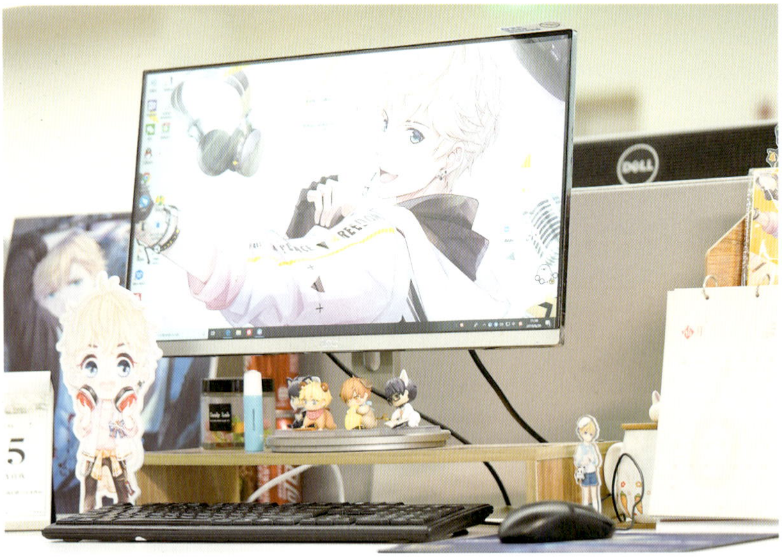

文案组

“他像世界上唯一一瓶没有杂质的水。”

Q1：游戏的剧情故事中有许多科幻的成分，是出于什么考虑选择在一款乙女游戏中加入科幻元素？

其实我们觉得恋爱在很多时候有点被低估了。爱情不只有风花雪月和甜言蜜语，爱情会给我们勇气，带我们去往全新的世界，开启新的旅程，找到那个无所不能的自己。恋爱故事其实天然地适合和任何母题结合，我们在爱情里可以去讨论各种问题：个人的成长、社会矛盾、文明的真相、历史的兴衰……我们想和玩家交流的故事，是一个关于“残酷的竞争和爱的力量”的故事，这不光是一个复杂的、有科幻元素的故事，其实也和我们每个人的生活息息相关。

Q2：周棋洛的粉丝叫什么名字？

叫小汽水。顺便他最大的粉丝后援会叫棋洛无悔后援会，应援词是“棋洛无悔，汽水相随”。

Q3：黑客KEY黑过哪些网站？举几个例子吧。

只有你想不到，没有他黑不到的。

Q4：周棋洛在MOBA游戏里最擅长哪个位置？

所有位置都很擅长，但是最喜欢打野。

Q5：周棋洛最喜欢哪种口味的甜甜圈？

都喜欢，最近觉得甜辣椰子香菇味的很不错。

Q6：周棋洛的原名叫什么？

因为他是孤儿所以他也不知道，但他觉得“周棋洛”就是自己的原名，他很喜欢这个名字。

Q7：文案小姐姐认为，周棋洛的核心魅力是什么？

他像世界上唯一一瓶没有杂质的水，这瓶水映出过这世界的所有复杂，但依然清澈透明、简单善良。

Q8：2018年的七夕活动，周棋洛的古代设定让人印象深刻，为什么会给周棋洛设计这样一个古代的身份呢？

和真实的他一样，是来自异域的王子。

Q9：周棋洛是猫派还是狗派？

狗派。

Q10：觉得周棋洛最经典的一句台词是什么？是怎么想到的？

“找到你了，不许再离开我。”

有一点点霸道，一点点撒娇，主动却又坚定，这就是周棋洛啊。

Q11：对于周棋洛，有没有什么一直想写却没能实现的剧情？

他太无所不能了！所以没有写过的所有东西都想让他试试看。

美术组

“是个人人羡慕的零食大户！”

Q1: 关于恋语市的各处场景，有没有现实中的参考对象？

这个问题的答案想必有些细心的玩家已经发现了，我们确实参考过一些现实的场景，比如外滩。

想要给大家这种恋爱就发生在身边的感觉，所以就想把我们生活的城市场景带入游戏里，也能让大家觉得更亲切更真实。

Q2: 美术小姐姐是怎么看待玩家戏称的“叠纸画风”？《恋与制作人》的美术风格和叠纸其他游戏最大的区别是什么？

其实我们自己也不是特别能理解“叠纸画风”的含义，不知道具体指的是什么。大概是色调和氛围都会比较清新浪漫？我们自己内部觉得不同系列的游戏画风还是很不一样的。“恋与”相对来讲要“硬”很多（笑），毕竟我们的主角可是四位成年男性。现在的风格基本就是“硬而不糙”，既要有细腻精致的地方，又不会那么软绵绵的。

Q3: 周棋洛的家里到底藏了多少种不同的零食？

基本上市面上有在卖的和没在卖的他都藏了些，是个人人羡慕的零食大户了。

Q4: 周棋洛有一件印着“paper”的T恤衫蛮好看的，请问是在哪里买的？

在“中心大道地铁站”附近的一家高级成衣店里买的，很贵哦。

Q5:有考虑给周棋洛换个发型吗，比如烫成卷发？

他现在的发型其实已经是微微卷翘的那种了，很适合他不是吗？还是说大家想看大波浪？

Q6: 周棋洛好像一直戴着一枚黑色的戒指，他有取过下来吗？

不到特殊情况是不会取下来的，那是一枚对他来说有特殊意义的戒指。

Q7: 周棋洛的初期设定和最终设定有什么样的差别？

都是很时尚又青春的造型，不过最后我们为他选了一个最难画的发型（哭）。

曾在微博放出过的周棋洛初设图

Q8: 游戏中经常出现花，请问美术组觉得哪种花最适合周棋洛？

小雏菊，非常合适是不是！

Q9: 周棋洛家的设计，美术小姐姐认为最特别的地方是什么？

特别之处在于“酷与有趣”的结合。

既有专业顶级黑客的工作空间，又充满了洛洛各种各样的小爱好：超级英雄周边、他最爱的少年漫画、还有他偷藏起来的数不清的零食！闲暇时间，他会和你一起打打电玩，抱着吉他给你弹一首即兴创作的歌。得到的奖杯和粉丝送来的礼物也都被他珍藏在橱柜里。

Q10: 周棋洛最难画的地方是？

恋语市最阳光的仔在忧郁的时候到底是啥样，怎样才能画出少年与青年中间的那种感觉……唉。

制作组

“是女生喜欢的那种金发大明星，还是个混血儿……”

Q1: 为什么要制作《恋与制作人》这款游戏？

制作人：我们公司内部是从2015年开始正式立项制作这款游戏的。做一款以恋爱为核心体验的手机游戏，这在当时是一件还没有多少公司会去尝试的事情，公司内部对于项目的可能性也有很多的讨论。但最终决定去做，并且在不断的迭代和更新中坚持了3年的理由其实特别简单。无论什么年龄、无论是否谈过恋爱、无论是否结婚有了自己家庭，我们相信每个女生内心都仍在期待着因为恋爱而心动的体验，因此我们相信《恋与制作人》有一定要诞生的理由。这份信念也一直在制作和运营的过程中引导着我们，也希望将来可以不断带给大家更多更美好的恋爱体验。

Q2: 《恋与制作人》这个游戏名的由来是什么？

制作人：不知道有没有人记得我们官网从最早的时候，宣传语一直就是“爱与梦想都要棋逢对手”。为什么这个游戏最终叫“恋与制作人”呢，因为你和他之间的纽带不止狭义的恋爱本身，更是贯穿了彼此并肩的人生旅程。

Q3: 游戏中有没有什么隐藏得很深的“彩蛋”？可以稍微讲讲吗？

策划小姐姐：没有藏得很深吧，不过确实是有些“彩蛋”的，应该也有玩家注意到了。比如在“城市漫步”中大家可以看到的某张海报；在“去见他”里，某些衣服和背景的搭配其实会引出一些隐藏台词，欢迎大家尝试。

Q4: 制作组内部是怎么称呼周棋洛的？

制作人：周棋洛、小周、洛洛、爱豆、呵总。

Q5: 制作组内部的男性成员是怎么看待周棋洛的？

音频小哥：是女生喜欢的那种金发大明星，还是个混血儿，幸好他游戏打得好，不然他发朋友圈我都不会给他点赞。

Q6: 假如拥有了周棋洛的Evol，会用来干什么？

运营小姐姐：一瞬间拥有了全世界的爱意……可能会有点惶恐。

Q7: 如果有一天成了周棋洛这样的大明星，最想做的事情是什么？

市场大哥：站在聚光灯中央，和成千上万的粉丝打招呼！

Q8: 假如成了周棋洛的造型师，有什么想对他说的话吗？

程序小姐姐：你皮肤真好，你眼睛好大，你真人比电视上还要帅欸……

Q9: 最后，有没有什么想对玩家说的话？

制作人：“制作组和玩家”，这份联系本身就足够让人珍惜，我们创造的世界，因为你们的加入才变得完整。相伴在恋语市的日子已经成为我们人生中很重要的一块烙印。这个世界还在不断变得更加丰富和广阔，请大家期待吧！

无论在哪个时空，

我都会找到你。

任何时候，

都要抓紧我的手

你好呀！薯片小姐！

今天天气好吗？是晴天还是下雨？

刚才忙着工作时还觉得自己攒了一肚子的话要写，可真当提起笔的时候，又不知道先从哪句说起了。

就先从老套的天气开始好了——前些天晚上下了很大的暴雨，我趴在窗边，看到街上两个忘带伞的人在雨中边跑边取笑对方，不知怎么一下子就想起了你。

还记不记得去年夏天在海边时，也下了一场这么大的暴雨？那还是我第一次那么讨厌下雨，担心你冒着雨等我，更担心自己找不到你。

在遇见你之前，这种急迫的心情我已经很久没有体会过了。

当然最没想到过的事，大概就是当初在超市里和我拿一包薯片的女孩，慢慢成为了我生命中最重要的人。

这在电影里，是不是就叫做命中注定？

不过有时候我会想，如果能把我们的电影进度条拉快点，就好了，跳过那些不开心的镜头，直奔那个能够和你哄笑打闹的结局。

可当我回头看到这段有你陪伴的时光时才发现，正是因为这些看上去不太完美的每一天，才让我成为了现在的周棋洛。

唱给你听的歌，你为我准备的生日惊喜，我们说好要一起做的100件事……这些无数的瞬间让每分每秒都闪闪放光，春夏秋冬都有了不同意义。

当然有一点我是深信不疑的——今后还会有无数个这样的瞬间，你会为我唱歌，我也偷偷为你准备生日惊喜，再把"一起要做的100件事"扩充到1000件……

以及不管哪一天，都能随时在想念你的时候提起笔给你写信。

远哥开始催我了，剩下更重要的话，就留在下次见面时亲自跟你说吧！

你的周棋洛

所有的回忆都会悉数珍藏，所有的心意都能得到回应。在这里，写下你想对他说的话吧。

因为只有你能将我从黑暗中唤醒，

不管是什么时候。

感谢神灵，把世上独一无二的你送到我面前。

我以上帝的名义，郑重发誓：接受你成为我的妻子……

从今天起，我会永远爱你，珍视你，将你视作我的一切。

我以灵魂起誓，

将一生爱护、

守护你。

图书在版编目（CIP）数据

甜蜜共犯：周棋洛官方设定集 / 恋与制作人著. —
广州：羊城晚报出版社，2019.10（2022.7重印）
ISBN 978-7-5543-0692-5

Ⅰ. ①甜… Ⅱ. ①恋… Ⅲ. ①手机软件－游戏－图集
Ⅳ. ①G898.3-64

中国版本图书馆CIP数据核字(2019)第044896号

甜蜜共犯
周棋洛官方设定集

TIANMIGONGFAN
ZHOUQILUO GUANFANG SHEDINGJI

责任编辑 黄初镇 张灵舒
特约编辑 易 莎 李叶琳 袁 珊 陈锶林 杜淑贤 虎 子 凤 溪
责任技编 张广生
责任校对 杨 群
出版发行 羊城晚报出版社
（广州市天河区黄埔大道中309号羊城创意产业园3-13B 邮编：510665）
发行部电话：（020）87133824
出 版 人 吴 江
经　　销 广东新华发行集团股份有限公司
印　　刷 广东广州日报传媒股份有限公司印务分公司
规　　格 889mm×1194mm 1/16 印张 9.5 字数20千
版　　次 2019年10月第1版 2022年7月第5次印刷
书　　号 ISBN 978-7-5543-0692-5
定　　价 109.00元